Eurydice Reinert Cend

Maman, comme un doux chant

(Ode pour toutes les mamans du monde)

ISBN : 9782363311221

Sommaire

Parce que tout homme, si grand soit-il, naît d'une femme… !

Maman, un si doux chant...

*Je ris comme je prie
Le temps de vivre un pari
Je souris et défie la vie !*

Maman,

Un si doux murmure
Qui s'échappe de mes lèvres
Et me rapproche un peu plus de mes rêves
Me parant d'une belle armure
Dans un monde qui n'est pas toujours
tendre !

Maman,
Comme j'aime tant t'entendre
Quand la joie me boude et que le rire me
fuit
Quand le jour à mes yeux pâlit et que la
nuit
En moi vient et cherche à étendre
Son horrible et froid empire !

Maman,
Une douce symphonie
Qui m'emplit et me baigne
Dans une belle harmonie,
Quand mon cœur s'attriste et saigne,
Et que tout m'insupporte et me peine,

Tu es lumière dans mes nuits de grand
doute
Et soleil à l'orée du jour prometteur qui
s'ouvre
Sur les belles promesses offertes par la
douce vie !

Maman,
Ma douce et belle étoile par tous les temps,
oh si !
Aujourd'hui tout comme hier et demain
Savent que pour moi, toujours, dans le
beau firmament,
Tu brilles et rayonnes des feux du pur et
tendre amour
Dont nul autre astre ne fera jamais le
serment
Parce que ton vrai nom est **Amour**,
Tout court… douce et belle maman
d'amour
Telle que j'en souhaite une, toujours,
Pour chaque humain qui, sur cette Terre,
voit aussi le jour !

Maman, une vive prière

Telle une vive et belle prière
Tu entres et illumines mon univers
Dans ces moments de tristesse ou de joie
Où je n'attends rien, où je n'espère plus
guère.

Dans un bel élan d'amour, pleine de foi,
Tu fais voler en éclats toutes mes heures de
galère
Par ces mots tendres qui brisent tant de
chaînes
Et que, seule, tu sais faire vivre dans les
moments de peine
Par ces gestes subtiles et inattendus
Qui me parlent de toi, alors même que tu
n'es plus là
Tant ils sont beaux et avec force pénètrent
l'âme
Qu'ils ont le don de soigner et de ramener
mon cœur perdu !

Que serais-je donc sans toi, que ferais-je et
où serais-je aujourd'hui,
Si tu avais manqué à ma vie, chaque jour
depuis que je suis ?

Qui viendrait avec moi pleurer en silence,
Chaque fois que je me blesse, avec un brave
sourire sur les lèvres,
Pour me dire toujours et encore avec
douceur et fièvre :
Mon enfant, lève-toi et bats-toi, tu mérites
une autre chance !

Qui saurait me consoler et me conseiller,
sans violence,
Quand le tourment et le courage d'aller
vers un jour meilleur
Se disputent en moi pour un trophée
d'aucune gloire,
Pour une victoire qui me laisse dans l'effroi,
sans soif !

Merci donc, Maman, pour ta présence, en
soi, miracle de tous les temps,
Don des dons ; précieuse victoire sur tous
les jours de l'existence

Qui me verront toujours riche de toi, de ta
belle essence !

Reine des secrets de la pure beauté du
cœur,
Tu rayonnes sur un univers bien plus
grand que celui du royaume des chimères
Qu'offrent avidement, matin et soir, avec
leurs sourires qui bavent plein de leurres,
Les vils marchands de rêves qui, toujours,
volent et ne créent rien,
Laissant sur leur passage tristesse et
déboires des plus amères !

Mais toi, tu es la calme Mer, douce et
bonne, ma Mère !

Mais toi, tu es le chant, précieux et beau
des doux réveils

Oui, toi, tu es la chance, unique et belle de
toute une vie !

Maman, ma douce et bonne Maman,
Reine du cœur, reine de la vie qui, en moi,
Timidement se fraye aussi un chemin
Sous ton regard aimant, si tendre et si
touchant.

Le sein maternel

Confiant,
L'enfant s'avance vers le sein maternel
Pose sa tête sur le cœur aimant
Comme sur un doux coussinet
Là où il pense être éternel !

Rayonnante,
La mère avec une infinie douceur

Contemple l'adorable ange
Qui, en elle, sème et scelle une vive
espérance
Celle de l'amour infini que rien ne dérange,
Qu'importent les dérives, qu'importent les
errances !
D'instinct,
L'enfant sait que ce cœur est sien, à
jamais !

Toujours,
Il cherchera à s'en approcher, presque
éteint ou radieux
Car, là où est la mère, là se trouve le sûr
bonheur
Que ni le jour ni la nuit ne savent dompter
Quelle que soit l'heure !

Enfin,
Sur un piédestal il hisse ce cœur sacré,
Né pour lui permettre à son tour d'exister !
Il sait, lui, au plus profond de son être
Que, par elle, toujours, il pourra renaître
A l'amour et à la vie, sans avoir à paraître !

Sur le lit de la tendresse
Mon amour se dresse,
Entier, en ce jour !

Joies et peines

Un peu de joie dans vos cœurs meurtris
Un peu de moi dans vos soifs inassouvies
Sur la toile infinie de la vie
S'ouvrant à nous sur tri.

Un sourire du cœur pour nos jours de
tristesse !
Un bouquet de printemps pour nos cœurs
en liesse !

Et, quand gronde l'orage et que l'univers
Sur nos êtres éphémères se referme,
Une once d'amour pour ceux qui, des faits
divers,
Font l'objet dans nos cités comme dans nos
fermes.

Mon enfant,

Il faut savoir cueillir le bonheur
Dans chaque instant de valeur
Pour le savourer avec ferveur,
Avec ardeur, de bonne heure !

Le bonheur,
Tu le trouveras dans chaque chose
Qui te fait penser à la noble et belle rose
Nouvellement éclose dans la douceur de
l'aube,
T'offrant ses effluves, ses couleurs d'un jour
Dans le beau chant du matin qui, heureux
te trouve,
Voulant qu'à ses charmes déployés tes sens
ne se dérobent !

La douceur te parle souvent du bonheur qui
frétille,
Dans la saveur du lait qui caresse tes
papilles,
Par la mélodie du chant qui t'emplit de joie,
Dans les yeux de l'ami(e) qui brillent
d'ardeur,
Face aux rêves qui vous unissent le soir
venu,
À la lueur complice des belles étoiles
Qui, soudain, se dévoilent et brillent avec
l'espoir,
Qui chante et danse dans vos regards
nourris d'un bel élan vital !

Femme, flamme, fleur,
Lueur d'espoir dans la nuit sans saveur

Femme, flamme

Ma flamme s'élance, vole et danse
Sur les ailes du désir qui te ronge
Et souvent m'invite à errer dans tes songes,
Sur une belle et suave cadence
Pour assouvir la quête étrange
Qui nous porte vers le mystère qui dérange !

Je ploie et déploie mes ailes,
Tel l'oiseau, mû par l'appel des airs,
Survolant prairies, mers et déserts !
Vers l'horizon de la pure déraison,
Je m'envole, aussi vraie dans la passion
Que la vie qui se joue de notre raison !

Femme, fleur, flamme en ébullition,
Reine dans la belle démence,
Esclave de la douce clémence,
Je ne voudrais jamais rien t'offrir
Qui, d'angoisse, te ferais souffrir !

Sous le souffle du vent, la caressant,
La nature s'émeut, infiniment,
Et m'offre un serment !

Laisse-moi te dire mon amour

Laisse-moi te dire mon amour,
Le secret le plus fou
Que traîne en son nid le jour
Et qu'emporte dans la nuit le vent,
Sur ses ailes, tel un diamant,
Et qu'il nous souffle, si souvent,
Dans un murmure qui, jamais, ne ment !

Laisse-moi recueillir
La belle lumière des cieux,
Pour voir danser dans tes yeux
L'immatérielle incandescence de l'amour,
Dans cette flamme qui brûle et jamais ne se
laisse cueillir !

Laisse-moi emprunter à la nuit
Les étoiles et la belle lune,
Pour t'offrir un rêve de minuit,
Pour te faire oublier l'horrible ennui,
Et nager dans une mer sur Neptune,
Quand l'amour, dans sa folie,
Nous caresse et nous unit dans le doux lit

Où se prélassent Vénus et Adonis dans un beau rêve,
Avec le temps qui nous offre une trêve,
En attendant que se brise la glace
Et que le sang, dans nos veines, se fige et se glace !

Aujourd'hui, la brume arrime le ciel à la terre !
Belle vaporeuse, elle a mille et une raison d'être fière,
Inondée des magnifiques rayons lumineux
Que, le soleil dans sa belle générosité, lui offre
Pour qu'opère en nous, sans faille,
La magie de cette sublime féerie qui nous embaume
De la douceur infinie des choses indicibles
Qui comblent l'être de majesté et de la joie inouïe, Rayonnant en nous, telle une sage et belle prière,
Qui résonne dans l'écho du vent, belle invincible !

Je sais que l'amour nous survivra toujours, malgré tout ce qui en a déjà été dit, si nous lui donnons l'élan nécessaire pour qu'infiniment, en nous, il déploie ses ailes !

L'amour

L'amour, c'est comme un volcan
Qui, parfois, malgré nous, s'éteint
Et nous laisse dans le cœur
Comme un désespoir sans fin
Et l'amère saveur d'un grand malheur !

L'amour, c'est l'éternité et la beauté, face à face qui nous étreignent
Dans une violence folle, inouïe, imprévisible, qu'on aime,
Et nous transportent si loin, en tandem,
Bien plus loin que, jamais, on aurait pensé aller,
Malgré les doutes qui soudain nous imprègnent.

L'amour, c'est tous ces riens qui nous importent tant,
C'est tous ces liens qui nous emportent à travers le temps,
Vers les horizons diffus, pourtant, plus d'une fois espérés
Par nos regards fous de joie pour le don inattendu, inespéré,

Quand plus rien ne vient troubler les cœurs
à peine assagis !

L'amour nous donne le goût de la vie
Quand il nous effleure comme par magie
Et vient nous ouvrir tout grand les portes du
paradis,
Malgré l'enfer qui nous harcèle de son vénal
souffle,
Avec le parfum des tentations à bout de
souffle !

L'amour, c'est toi et moi, toujours plus fous,
Bravant les vagues, au plus fort de l'orage,
Narguant le sort qui, parfois, nous tient en
otage
Avec l'espace et le temps comme garde-fous,
Malgré tous ces riens qui, bien souvent,
menacent le ***"tout"*** !

Aquarelle de mon ami, Marc Filior

Femme

Aussi belle que le battement d'ailes du
papillon bleu qui se pose
Sur la branche du destin qui lie, délie ou
offre une pause !

Aussi fragile que l'instant éphémère qui te
verra éclose
Telle la rose qui, un peu plus, vers de beaux
lendemains, s'ose !

Aussi forte que la vie qui, de toi, jaillit,
vigoureuse !

Les douleurs de la maternité te savent plus
brave que miséreuse,
Dans le mystère qui, par-delà toute
conscience, te sait valeureuse !

Le temps toujours court sur ton échine
Et la ploie comme une frêle feuille, sans que
tu rechignes !

Mais, jamais, il ne te verra épave et
oublieuse de ce tu es :
Matrice au cœur de l'univers
Où le divin s'active, affine et libère,
Comme le poète, les meilleurs de ses vers,
Malgré l'insatiable et vive ardeur
Qui, souvent, le plonge dans la création,
sans vaine pudeur !

L'éternel retour

Dans mille ans, où que j'aille,
Ton sourire me reviendra
Et, se redessineront tes mimiques,
Dans ma mémoire en fusion alchimique.

Dans dix-mille ans, quoi que je fasse,
Tu ressurgiras sans prévenir
Dans mes silences, sans mot de passe,
Avec ton sourire pour m'entretenir
De ce passé que rien n'efface.

Et tu reviendras toujours pour
Apaiser les tourments que, sur ma route,
Le destin a semés pour que, parfois, je doute
Et de mon passé et de la couleur du jour !

Dans mille et mille ans, où que j'aille,
Tu resteras, tu le sais bien,
Au nombre de mes trésors de vie,
"tambièn",
Pour me donner encore la force de
poursuivre,
Même si je perdais en chemin le goût de
vivre,
Blessé(e) par les fardeaux de la vie !

Dans cent mille ans, quelle que soit ma vie,
Tu reviendras me soutenir
Sans jamais prévenir
Ami(e), amant(e) de l'éternel retour !

Nul, jamais, ne dit au temps
Ce que sait le vent
Et que taisent souvent les vrais savants !

J'implore les femmes

J'implore les femmes de ne plus en vouloir
Aux hommes qui, plus d'une fois, sur la croix
Ont brûlé les leurs, au nom d'une vaine foi,
Car, ne procède de si cruelles lois,
Aucune foi reposant sur l'amour, la paix et
la joie !

J'implore les femmes pour qu'enfin elles
pardonnent
A tous ceux qui, bien souvent, les
abandonnent
Pour une paire de jambes bien plus jeunes
ou plus belles,
Pour des yeux qui brillent et, en eux, en
appellent
Aux désirs qui brisent des vies et nombre
d'espoirs,
Plongeant femmes et enfants dans le
terrible désespoir !

Au nom de ces choses qu'ils condamnent et répriment,
Les hommes pourtant ont commis tant de vils crimes,
Consignant tant et tant d'âmes qui ne réclamaient aucune prime,
Au règne de l'obscur néant et de la sordide déprime,
Alors qu'elles ne se prévalaient d'autre mérite que de leur seule appartenance à la vie !

Réservoirs naturels, elles, si belles sources de vie,
Implorent souvent des hommes la grâce, pour avoir la vie sauve,
Elles qui, pourtant, la donnent et, presque toujours, la veulent sauve !

Pour avoir à tort jugé, tué, pillé, sans compter,
Pour avoir craché sur le ventre qui, par amour, les a portés,
Oubliant d'où ils viennent, qu'à cela ne tienne,
Conjurant le sort qui, à une femme, les enchaîne,

Par la naissance, l'enfance ou par le mariage !

Oui, à celles qui, cependant, les invitent à toujours plus de partage,
Ils ont souvent nui,
Saccageant leurs espoirs et leur joie par la violence,
Ces maîtres des stériles et macabres doléances
Qui marient souvent amour et haines aux condoléances,
Brandissant le triste flambeau des caduques alliances
Prenant source en de fantomatiques et vétustes substances,
Parce que, longtemps, homme rimera avec inconstance !

Plus jamais de larmes de honte inondant l'oreiller,
Fidèle confident qui recueille malheurs et peines,
Dans le silence religieux des nuits glacées des plaines,
Des montagnes et des vallées qui laissent les-uns émerveillés,

Aux heures crues où les pleurs et le vide
assaillent et ravagent
Ceux en qui, l'horreur et sa nuée de
désordres, font rage !

Plus de rire étouffé à l'approche du
terrifiant visage
Qui, d'un geste, bannit du cœur et l'espoir et
la joie,
Car, possédé par une aveugle et vaine foi,
Et ne voyant plus en la belle vie déployée,
Que les couleurs et les formes, instruments
du vil désespoir !

J'implore donc les femmes pour qu'enfin
elles libèrent les hommes
Des subtils parfums du péché et des roses
amères des roses du mensonge,
Pour qu'enfin, ensemble, hommes et femmes
songent
Au jour prophétique qui les verra,
majestueusement, unis
Dans l'ardeur infiniment bénie !
Car, la femme sans l'homme reste une pure
merveille sans miroir,
Et l'homme sans la femme demeure un vide
abyssal, sans réel pouvoir !

Avec ou sans épine, la rose est tendre au cœur
Pour ceux qui l'accueillent avec douceur !

Le nom de la rose

Pour voir la femme dans toute sa splendeur
Esquisser des pas de danse nourris de
tendresse et d'ardeur
Il faut savoir la chanter avec douce et belle
ferveur
Pour vouloir en espérer les plus grandes
faveurs !

Beaucoup exigent et n'obtiennent d'elle que
tiédeur ou raideur,
Ignorant que : *"Amour"* est le véritable nom
de la rose
Que de doux poèmes ou de prose on arrose
Pour la voir fleurir et s'épanouir en toute
candeur !

Voici en quelques vers le secret de tous les
temps
Aujourd'hui dévoilé pour que,
Toi aussi, tu saches cueillir à temps
La précieuse sève jaillissant du beau cœur
tendre

Qui, jamais, ne se flétrit mais, toujours, se laisse prendre et surprendre
Par qui l'honore en vérité et ose la défendre,
Quand gronde la clameur qui d'avance la condamne,
Vile Cassandre ou diabolique Esméralda, la belle dame !

Parce qu'elle n'est presque jamais ni l'une ni l'autre,
Cherche avant tout ce qu'elle est pour toi, vraiment,
Sans te complaire dans ces clichés qui salissent tout, gaiement,
Et tu trouveras en toi mille raisons de la voir autre,
Belle d'amour, splendide comme le jour qui, heureux, te trouve
Savoureuse comme le fruit qui t'attire et que, amoureusement, tu entrouvres !

Elle,
Apaisante comme la pluie qui rafraîchit l'air et t'inonde d'espoir,
D'ardeurs nouvelles qu'en toi tu portes, avec joie, matin et soir !

Pour elle, je ne voudrais toujours que le meilleur, le beau, l'absolument unique et le très précieusement pur ! L'essence des choses, en vérité ! Parce que femme rime par essence avec pureté et beauté et non pas seulement avec mauvaiseté et calamité, comme voudraient le faire croire les aveugles du cœur à l'esprit trouble et plus que cadenassé.

Un ange sonne à ma porte

Un ange sonne à ma porte
 Sans ailes ni couronne !

Souviens-toi, c'était hier
Par un temps venteux
Où rien n'égalait mon air heureux
Et que s'élevait et brillait, si fière,
Ma prière se nourrissant d'une lueur toute
nouvelle !

Un ange sonne à ma porte
 Sans ailes ni couronne !

Souviens-toi, c'était si réel
Dans le soir lumineux
Quand, dans un ballet harmonieux
Les hirondelles annonçaient le printemps
qui s'éveille,
A tire d'ailes avec leurs doux chants, si
réjouissants !

Un ange sonne à ma porte
Sans ailes ni couronne
Sans auréole ni voile

Un grand sourire éclairant son visage
Il s'avance porteur d'un beau présage
Dans la douce lumière du soleil couchant,
rouge et or !

Mais, ma parole,
Il a une histoire et un nom bien connus
Comme chacun de nous, simplement vêtu,
Il salue et entre, se sachant bienvenu.
A présent, j'en suis sûre, qu'il ne m'est
point inconnu.

Un ange sonne à ma porte
 Sans ailes ni couronne
Je parie que tu le connais aussi
Puisqu'il a tes yeux, ton sourire
Et tout ce qui fait que je t'aime tant,

Un ange sonne à ma porte
Sans ailes ni couronne
Doux rayon de soleil, à ton image,
M'offrant dans un bref moment, au
passage,
L'éternité qui se joue du temps
Et des choses sans importance !
Un ange sonne à ma porte
Et c'est toi, cette force qui me porte !

*À mon amie Christine, aujourd'hui, dans
le mystère de ceux qui nous ont déjà
précédés dans le paradis des
bienheureux !*

À tous ceux que j'aime !

Pour Christine, une maman et une amie, pour toujours

Il est des êtres de lumière
Qui viennent nous prendre par la main
Pour nous montrer le chemin
Mine de rien !

Il est des êtres de lumière
Qui trouvent en nous la porte du cœur
Et entrent avec tendresse et douceur
Au plus profond de nous, telles des âmes
sœurs !

Il est des êtres du cœur
Qui nous habillent de leur aura de
lumière
Belle de plus d'une silencieuse prière
Pour nous aider à chérir en tout
l'essentiel
En ces choses aussi belles et fragiles
qu'un arc-en-ciel !

Christine, mon amie,
Douce étoile rayonnante, en douceur,
Dans le firmament éclairé de nos esprits
Tu as été et tu demeures en nos cœurs
Un merveilleux être de lumière,
Toi dont la joie jaillissait par vagues
torrentielles
Pour nous offrir ces beaux moments de
pur bonheur
En nous, oui, tu demeures vive et belle
Telle la rivière qui, en abondance
scintille et ruisselle
Sous les feux du soleil dont elle nous offre
les doux reflets.

Vas et repose en paix
Avec l'amour de tous ceux qui t'aiment
Et qui savent que tu étais, toujours
Une main généreusement offerte !

Ton sourire lumineux, si radieux,
Ton regard frais, d'un bel et doux éclat,
Ta grande générosité de cœur
Et ton humilité sans pareille, ma sœur,
Nous manquent tellement déjà !

Nous ne t'oublierons pas
Pour toutes ces raisons comme pour tant
d'autres,
Toi, l'ange lumineux venus éclairer nos
chemins
L'espace d'un moment béni, à jamais !

Ton amie, Eury

Maman,

Ton regard merveilleux sur moi
Me dit si unique, si précieux (se),
Que j'en frémis, heureux (se),
Oubliant mes effrois, mes déboires
Car pour toi, merveille je reste,
Quelles que soient ma foi, mes
maladresses !

Neuf mois tu m'as porté(e) et bercé(e)
Dans le doux vallon de ton ventre !
De ta voix douce et tendre
Tu m'as souvent cajolé(e), rassuré(e) !

Ta main câline, courant dans mes cheveux,
Instinctive et douce, me voulant heureux
(se),
M'offre aussi tout ce que les mots ne
sauraient dire
Dans le feu de l'instant que nul n'aurait pu
prédire !

Oui, Mère tu étais, bien avant-hier
Et, aujourd'hui comme demain,
De toi je suis déjà vraiment fière !

Toi, l'océan de douceur
Dont les vagues de tendresse
Toujours affluent et déferlent
Torrentielles, *''incontenables''*,
Si naturellement belles et indomptables,
A l'image de ton amour qui, précieuse perle,
S'offre, toujours, généreux et beau en tout !
Maman Chérie, je t'aime et t'aimerai toujours !

À son sourire étincelant,
Qui jamais ne ment,
On reconnaît une maman !

Il entre le printemps

Il s'éveille le printemps
Dans sa belle robe de dentelle,
Parée des mille couleurs du temps,
Et de la douceur du soleil qui, partout,
étincelle
De ses mille feux vaillants qui, enfin, se
révèlent
Pour célébrer la joie de retour dans les
belles nacelles
Qu'offrent, enthousiastes, les cœurs à la
fête devant la belle !

Il entre le printemps
Dans la valse des doux feuillages
Que caresse paresseusement le vent !

Le voici de retour
Avec le chant des hirondelles
Que chantent, partout, les poètes en fête
A l'heure où, comme toujours,
La vie renaît après les rudes et froides
heures
Où, le mauvais temps sculptait tout, dans
sa brute fureur !

Il entre le printemps
Dans la valse des beaux feuillages
Que caresse le vent dans son doux sillage

Il t'attend le printemps
Comme au bon vieux temps
Pour savourer ces doux moments
Qui rendent grâce au présent
Dont ils chantent la magnificence
Pour tous ceux qui aiment la vie en
substance !

Il entre le printemps,
Dans le silence que rien n'égale,
Par une folle danse, magistral,
Dans l'espace infiniment grand,
T'invitant à la valse de la joie qui régale
Petits et grands, qu'importe la force du
mistral !

Il entre, le printemps, t'invitant à la danse
de l'instant,
Superbement, assurément !

Merci, merci maman

Merci maman,
Pour le beau regard qui, tendrement,
Vers des lendemains merveilleux,
sûrement,
Voudrait nous voir tendre résolument !

Merci, merci maman,
Pour le sourire qui va droit au cœur,
Irradiant avec candeur et douceur
Chaque fibre de notre être d'un pur
bonheur !

Merci, oui, maman,
Pour la main qui apaise et bien souvent
rassure
Alors que, dans la tourmente, le rire nous
fait injure
Et que tout nous fait mesurer nos terribles
ratures !

Merci maman,
Pour tes pensées qui toujours nous
accompagnent avec sagesse
Lueurs dans nos obscurs moments de
maladresse
Prières sur nos tristes et sombres chemins
de détresse !

Merci maman,
Pour la discrète présence
Qui nous soutient avec belle aisance
Pour nous inviter à prendre plus
d'assurance

Quand le doute nous assaillit avec violence
Et voudrait nous noyer en de vaines et
brutes substances !

Merci maman
Pour le noble amour que, naturellement,
Tu nous offres, qu'importent nos carences,
assurément,
Dans la beauté du geste qui, jamais, ne
ment,
Par la vérité de l'être qui, vers le meilleur,
nous porte, infiniment !

Le navire de la vie

Sur le noble navire de la vie
Je sors mes voiles,
Je dessine ma toile
Riche de tous les jours
Qui m'ont vu(e) réjoui(e) ou en pleurs,
A l'assaut de l'illustre tour
De la liberté et de l'amour,
Au gré du vent, sur la houle du destin
Qui m'aura sûrement offert plus d'un
festin !

Mes soupirs, parfois, accrochent la lueur
des étoiles,
Mandant le sens des secrets qui, souvent,
ne se dévoilent
Qu'à ceux qui, déchus ou perdus dans la
belle folie,
Déploient bien des efforts pour de vains
colis,

Alors que s'offrent les clés du millénaire
trésor
A leur esprit qui, bien souvent, s'endort !

Que la vie est belle, me dis-je,
Ce matin en voyant
Le champ de blé, mer verte,
Sous le souffle ondoyant du vent
Le caressant, me saisissant !

J'acclame le jour

J'acclame le jour qui pointe
A la lueur de l'astre de feu qui paraît
Et de ses mille rayons m'effleure !

J'embrasse la nuit qui vient, sûrement,
Cueillir mes soupirs et désirs fanés,
Quand mon âme repue n'est plus si rebelle
et que mon esprit plane au-dessus des
vieux rêves
Qui, hier encore, me liaient aux choses
vaines !
À présent, je déploie gaiement mes ailes
Et, dans l'immensité, à mon aise,
librement, je vole
Malgré la force du vent qui me trouve
encore frêle !

Je vogue sur les nuées, loin des esprits troublés
Qui, ailleurs, en vain, s'agitent et s'affolent !

A la lueur de nobles pensées,
Légère et noyée dans la belle liesse
Qui efface toute maladresse, toute détresse,
Je danse et frôle l'horizon linéaire,
Aérienne et profilée, tels les majestueux maîtres des airs !

Ma joie

C'est que tes ailes infiniment se déploient
Pour que de la belle et noble vie qui s'offre
à toi
Tu te nourrisses, t'enrichisses et fasses un
bel emploi,
Sans te soucier de toutes ces futilités qui
t'attachent à un toit
Et t'empêchent de laisser voguer ton esprit
avec joie !

C'est de te savoir mûr(e) pour les choix les
plus sûrs,
Aux heures les plus crues où tout reste à
faire,
Quand le temps nous manque et que nous
risquons le parjure,
Qu'à l'horizon, nul ne s'empresse et ne nous
rassure,
Que rien ne nous éclaire et que tout nous
ordonne de nous taire !

Ma joie,
C'est de te voir sourire face aux choses les
plus simples
Bien que rien ne soit vraiment très simple
Dans une vie aux mille sons, formes et
couleurs
Qui s'emmêlent pour aviver ou adoucir nos
douleurs,
Nos regrets, nos saveurs, nos désirs ou nos
ardeurs !

Ma joie,
C'est que du pire tu triomphes toujours
Sans céder aux lueurs des phares
trompeurs
Car ta flamme est celle du pur et noble
amour
Qui, en toi, rayonnera toujours,
Si tu la veilles, oui, nuit et jour !

MAMAN, (Poème pour toutes les mamans du monde)

A l'ombre de ton doux regard caressant,
Je me sens le plus beau des enfants,
J'ose mettre mes pas dans ceux des grands
Pour me mirer encore dans tes yeux de
diamant !

Merci maman pour tous ces beaux
moments
Où tu m'offres l'éternité dans un instant de
majesté,
Toi dont la tendresse m'inonde de joie et
me comble de fierté !

Merci maman pour la complicité et la
délicatesse,
Malgré mes oublis et mes dérives qui,
parfois, blessent.

Maman,
Ô, toi, doux antre où aime murir la vie
Comme le feu de ton amour est pur et sûr,
Quand aucun mal ne vient te flétrir,
Qu'aucun souffle vénal et stérile ne cherche à te
maudire !

Merci à toi maman,
Toi qui restes toujours la même,
Reine de douceur qui, malgré tout,
toujours, m'aime !

Ton sourire lumineux rayonnera toujours
et encore
Dans mes moments de doute pour me
ramener alors
Vers l'essentiel, avec la certitude de la
noblesse de ton amour
Qui, jamais ne ment ni ne dort,
Paré de grâce et de majesté, toujours !

Et parce que des milliers de mercis
Ne suffiraient pas vraiment pour te dire
merci,
Laisse-moi te dire je t'aime à travers ce
doux poème
Qu'aujourd'hui tu m'inspires,

Parce que, dans mille ans, dans dix-mille
ans,
Où que je sois, tu seras aussi, Maman,
Précieuse, bouleversante, majestueuse et
entière, dans ma mémoire en fusion
alchimique,
Au détour des virages fatidiques,
Dans mes rêves chimériques,
Lumière parmi les étoiles qui jamais ne
s'éteignent,
Loin des prolifiques galaxies,
Bien à l'abri, dans les recoins immatériels
du cœur, que rien jamais n'asphyxie !

Pour toi, Maman

Maman se dit souvent doucement,
Dans un chant qui, tendrement,
Du cœur aux lèvres monte, sûrement !

Pour toi, ma douce maman,
Je voudrais toujours tout dire, joliment !

Malgré les chagrins et les pleurs
Qui, parfois, nous surprennent,
Je voudrais pour toi toutes les splendeurs
Et que, toujours, en mon cœur tu sois
reine !

Maman, si douce, si belle,
Dans mon cœur parfois rebelle !

Maman, si tendre, si vraie
Toi qui, toujours, m'aimes !

La sublime Santa Esméralda de mon
ami Jonathan Schlemer

De tous mes revers
Se rie pourtant l'univers
Qui, superbement, souvent, nous défie
avec le temps !

Cette flamme est tienne

Cette flamme dans le regard, l'aurais-tu
perdue ma pauvre amie ?
L'aurais-tu perdue au détour du chemin ?
Dis-moi qui donc te l'aurait ravie ?
Dis-moi qui donc, ma pauvre biche, de ta
belle flamme, se serait emparé
Pour te laisser si triste, sans plus faim ni
soif, désemparée ?

Je voudrais te la rendre ta belle flamme,
Et à nouveau te voir sourire
Pour que ton visage s'éclaire de ce feu pur
Dont il faudra bien à nouveau te nourrir
Pour enfin renaître à la vie !

Reviens donc à la vie, ma chère amie,
Car cette flamme tu l'as encore en toi,
Tu n'as pu la perdre pour toujours ma belle
amie.

Elle reste enfouie au plus profond de toi,
Seulement cachée par ces blessures, ses
brisures
Qui, au passage, te laissent meurtrie, seule
et vidée de toute envie !

Mais oui, cette flamme est tienne,
À jamais tienne, quoi qu'il advienne !
N'en doute jamais et cherche-la par-delà
Tous les désespoirs qui en toi brassent le
vide !

Ta belle flamme, ma belle biche,
Appartient aux cendres chaudes de
l'espoir !

Regarde-moi, essaie de me voir, et tu
verras que jamais ne changeront
Ces choses essentielles au parfum de
l'amitié qui rythment la vie !

Non, elles ne changent pas et, pour toi,
toujours, elles rediront
Ô combien la vie en toi est précieuse et
vaut plus encore
Que tu n'oserais l'imaginer, dans cette
pudeur qui, tel un trésor,
Te pare des voiles de candeur, en héritage
de cette belle noblesse
Que tu tiens de la vie, te rappelant à elle,
sans fausse promesse !

Si l'amour se vendait à la louche

Si l'amour se vendait à la louche,
Le rêve, ma foi, ne serait plus de mise !

Son prix, je parie,
En mettrait plus d'un sur la touche !

Les grands de ce monde
Auraient toute puissance sur nous
Dans leur règne immonde
Ils nous mettraient tous à genoux !

Et les plus petits
Ne rêveraient plus à être grands.
Alors, tous maudits,
Nous traînerions nos pas vers le néant,
indéfiniment !

Maintenant tu le sais
Que ta plus grande richesse
Est celle qui te laisse libre d'aimer
Les plus petits comme ceux dits grands
Qui que tu sois, aveugle,

Sourd ou même pécheresse avérée !

Alors, crois-moi,
Ne vends jamais ce don de vie,
Si tu veux que pour tous
Le beau rêve de l'amour
Soit, toujours et encore, permis.
Païen, ou bien croyant,
Rends grâce à la noble vie
D'avoir donné à tous, oui,
Le bien le plus grand
Celui de pouvoir
Librement aimer !

Il y aura toujours
Des mirages d'amour
Car les vrais rapaces
Veillent bien à leur place.
Ceux qui veulent avilir
Le don le plus fabuleux,
Le plus beau de tous les joyaux,
Lui consacrent tant d'illustres tombeaux
Pour nous empêcher de lire
Dans le fabuleux Livre de la Vie.

Un grand Merci à Marc Filior et à Jonathan Schlemer pour leurs belles représentations de la femme, dont ils me permettent d'user dans le cadre de mes écrits.

Mille mercis et que Dieu vous bénisse !

Sincèrement,
Eurydice